Joensuu
nyt
ja
50 vuotta sitten
ISBN 978-952-5399-70-7

 Hemmo Vattulainen
Kontiolahti

Hemmo Vattulainen

JOENSUU
50 vuotta sitten
1960-70 luku

Historia.

Joensuun alueelta on löydetty kivikauden asuinpaikkoja mm. Mutalasta ja Siih- talasta. Mutala on ehkä Pohjois-Karjalan vanhin tunnettu asuinpaikka.

Varaslammen alueelta on löydetty pronssi- ja rautakauden asuinpaikat.
Ensimmäisen vuosituhannen ajanjaksolta on vähän tietoa.

Laatokan karjalaiset asuttivat Pohjois-Karjalan erämaita 1300-luvulta alkaen, mutta Joensuun alueella oli hyvin vähän asutusta.

Joensuun kaupunginosat Rantakylä ja Utra olivat Venäjän vallan loppupuolella 1600-luvulla pieniä karjalaiskyliä.

Ruotsin vallan aikaan 1700-luvulla savolaisperäinen luterilainen asutus muodostui Pielisjoen suulle. Joensuu niminen kylä sijaitsi Joensuun keskustan, Sirkkalan ja Mutalan paikkeilla. 1720-luvulla Joensuussa oli noin kymmenen taloa. 1700-luvun loppupuolella oli talojen määrä kasvanut varsinkin Niinivaaralla ja Hukanhaudalla. Joensuussa ja Utrassa oli teollisuutta, mm. sahoja, viinanpolttimo ja lasin valmistusta.

1700-luvulla katsottiin Joensuu jo sopivaksi maakuntakeskukseksi, mutta sille ei vielä myönnetty kaupunkioikeuksia.

Joensuu yritti tavoitella kaupunkioikeuksia Venäjän vallan aikana 1800-luvulla. 1848 Suomen senaatti katsoi, että kaupunki voidaan perustaa ja päätöksen vahvisti Venäjän keisari Nikolai I. Asemakaavan kaupungille laati C. W. Gylden. Sen jälkeen kaupunki kasvoi nopeasti. Suomen itsenäistyttyä Joensuu oli jo Pohjois-Karjalan tärkein alue.

2000-luvulla kuntaliitosten myötä Joensuu on jatkanut kasvuaan noin 75600

JOENSUU
50 vuotta sitten.
1960-70-lukujen Joensuuta.

1900-luvun alussa suuniteltiin torille kauppahallia. Rakennusmestari A.W. Pitkäsen piirtämä puinen kauppahalli toteutettiin 1902, tosin suppeammassa muodossa, sillä hallisuunnitelmasta rakennettiin vain hallin keskiosa.

Kauppahalli aloitti toimintansa vuoden 1903 alusta. Lääninkanslia vahvisti piirustukset 27.3.1903, neljä kuukautta rakennuksen valmistumisen jälkeen.

Ahtaaksi käynyttä hallia jatkettiin 1927 matalammilla, 9 metriä pitkillä sii-villä. Kauppahalli edusti tyyliltään 1900-luvun alussa vallinnutta kansallisromantiikkaa.

Uutta kauppahallia alettiin suunnitella 1960-luvulla ja sen valmistuttua vanha kauppahalli purettiin vuoden 1968 lopussa.

Vilkasta torielämää kauppahallin vieressä 1960-luvulla.
Markkina- ja torikauppaa käytiin ensiksi Vapaudenpuiston alueella, mutta vuoden 1867 asemakaavan myötä kaupankäynti siirettiin nykyiselle torialueelle.

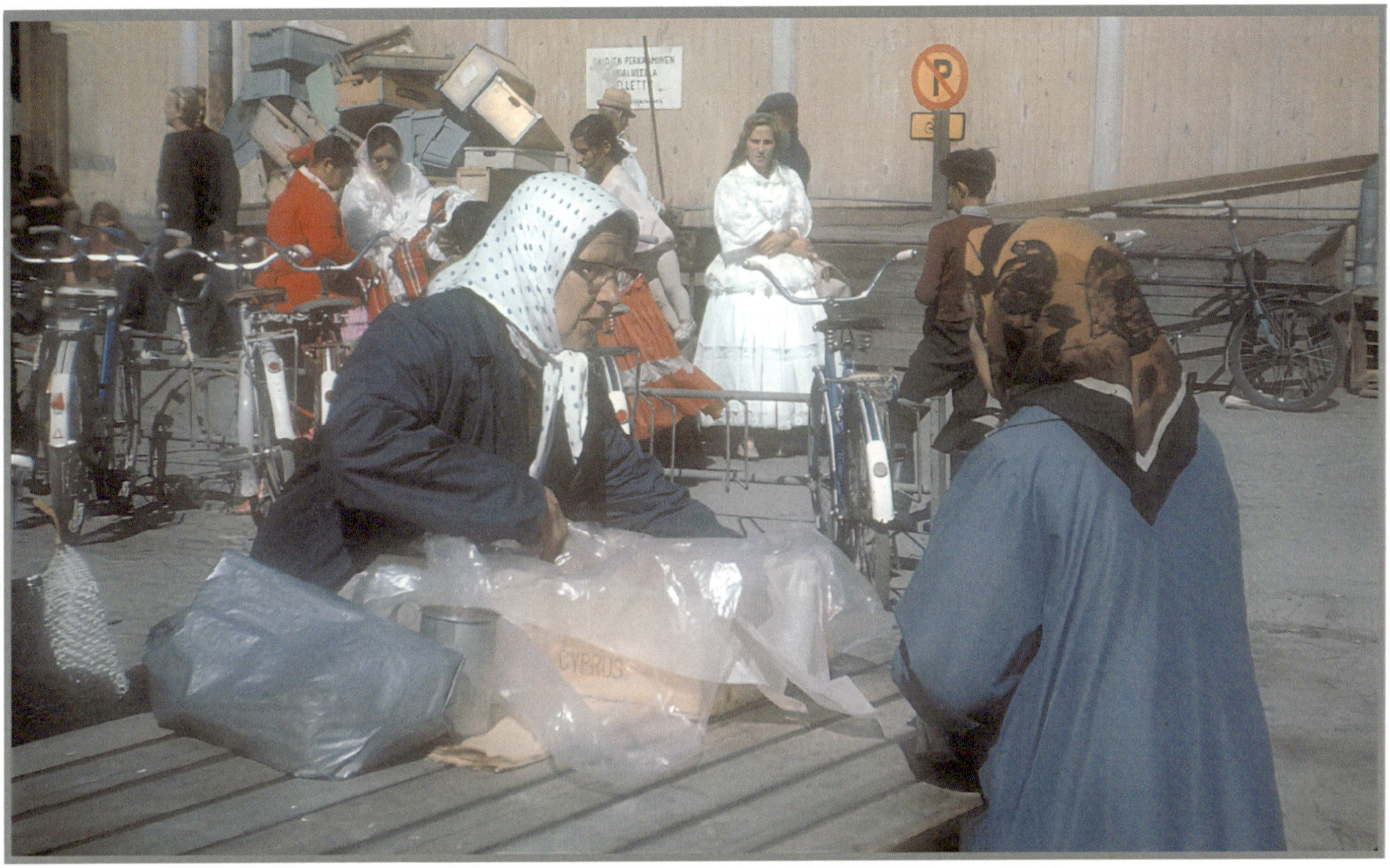

13

Tavara-aseman rakennus torilla Koskikadun puoleisessa reunassa oli alun perin Shell-huoltoasema ja se rakennettiin 1939. Sen ensimmäinen yrittäjä oli Janne Niemeläinen.

Huoltoaseman siirryttyä pois rakennus korjattiin ja siitä tehtiin tavara-asema v. 1949, jossa se toimi 1960-luvun loppuun saakka.

Vaalea pieni rakennus on linja-autoasema.

Linja-autoasema rakennettiin 1933 torin reunaan, kun autoliikenne alkoi lisääntyä.

Koskikatu.

Tori- ja Koskikadun kulma oli tärkeä liikekeskus. Siinä on kauppaa tehneet Rauta-Aitta ja Maanviljelyskekus. 1950-luvulla talo nimettiin Tokos-kulmaksi; nimi tulee Tori- ja Koskikadusta. Kulmassa toimi pitkään kauppaneuvos Juhana Tarman v. 1946 perustama Joensuun Kauppayhtiö, myöhemmin Pentti ja Heikki Tarman yhtiö Vaatevalinta.

Apteekin talossa sijaitsivat Vanha Apteekki ja Kulta- ja kelloliike. Seuravassa rakennuksessa oli mm. TeVeRa ja Kähkönen Oy.

Partsen kulma

Koski- ja Kirkkokadun kulmaa sanottiin **Partsen kulmaksi**. Kauppakadun toisella puolella oli Oma-Apu.

Pienessä puutalossa oli Oma-Avun kahvila.

Kirkko- ja Koskikadun kulmassa sijaitsi kauppias Kusti Hämäläisen talo. Kusti Hämäläinen osti tontin vuonna 1916. Hämäläinen rakensi liiketalonsa vuonna 1922. Hänen sekatavarakauppaansa kehuttiin ja kerrottiin, että asiakkaat löysivät sieltä tarvitsemansa tavaran. Jos asiakas ei löytänyt tarvitsemaansa tavaraa ei hän tarvinnut sitä.

Kirkko- ja Koskikadun kulmassa oli Kauppakartano. Sen olivat rakennuttaneet Heikki ja Lyyli Surakka 1909. Surakka oli yksi Joensuun tukkukauppiaista.
Paikalla on ollut myös sekatavara- ja kalastustarvikeliikkeet.

Niska- ja Kirkkokadun kulmatalo.

Keskusteluhetki Kirkkokadun varrella.

Kauppakatu 1960-70-lukujen vaihteessa.

Pieni liikerakennus Kauppakadulla, jossa toimi asusteliike. Myynnissä oli mm. miesten pukuja.

Seuraava aukeama: Kauppakatu Suvantokadun ja Kauppakadun risteyksestä torille päin.

Suvantokatu Kauppakadun risteyksestä joelle päin.

Torikatu.

Kauppakatu. Suvanto-ja Kauppakadun kulmassa sijaitseva puutalo.

Tori- ja Suvantokadun kulmatalo. Kauppaneuvos Petter Parviainen rakennutti sen v. 1886 patriisitalona.

Filippoffin talo Torikadulla. Talossa toimi mm. Jakob Filippoffin sekatavarakauppa, Veljekset Pitkon autoliike, Joensuun ensimmäinen viinakauppa ja Veljekset Laakkonen Oy:n autoliike.

Torikatu 1960-70-lukujen vaihteessa.

Tori- ja Koskikadun risteyksessä olevassa puutalossa toimi jonkin aikaa muun muassa autokauppa.

Apteekkari Anders Olson v. 1853 rakennuttama Malmikadun ja Rantakadun kulmauksessa oleva talo 1970-luvulla.

Suvantokatu.

Suvantokatu päättyy joenrantaan.

Pakkahuone - Tullikamari. Pakkahuone valmistui v. 1897.

Sähkömuuntaja Tori- ja Suvantokadun kulmassa.

Poliisilaitos Rantakatu 11. Talon suunnitteli arkkitehti Emil Gustafsson v.1893.

Surakan talo Rantakatu 13. Talo rakennettiin 1849.
 Rakennusta kutsutaan Surakan taloksi, koska Kustaa Surakka Oy hankki talon omistukseensa 1933. 1970-luvun lopulla Joensuun kaupunki osti talon Surakan perikunnalta.

Pielisjoen Itäranta.

Jokiranta Suvantokadun kohdalla. Tälle kohdalle rakennettiin myöhemmin Suvantosilta.

Suvantokatu joenrannalta keskustaan päin.

Rantakatu.

Rantakatu. Oikealla Poliisilaitos, Aschanin Talo, kerrostalo, apteekkari Anders Olsonin talo, taustalla näkyy Rauma-Repolan sahan savupiippu.

Rantakatu 15:ssa oleva talo 1960-70-lukujen vaihteessa.
 Nyt tällä paikalla on kauppaneuvos Petter Parviaisen v.1886 rakennuttama ja 1970-luvulla siiretty rakennus.

Ranta- ja Niskakadun kulmataloja.

Torikatua PKO:n ja Kotilaisen kerrostalojen kohdalta torille päin, jossa on linja-autoasema ja taustalla Tokoksen talo.

PKO:n puurakennuksia Torikadulla 1960-70-lukujen vaihteessa.

Tori- ja Niskakadun kulmataloja. Nyt paikalle on rakennettu Iso Myy.

Joensuu Huonekalukeskus sijaitsi Tori- ja Niskakadun kulmauksessa. Taustalla Hallman liiketalo. Nyt tällä paikalla sijaitsee Metropol-liiketalo.

Torikatu. Oikealla Hotelli-Ravintola Jokela ja Kino-Karjala. Taustalla näkyy Pohjois-Karjalan Kirjapaino Oys:n rakennus.

Yläsatamankatu. Virtamon talot ja Karjalainen Torikadun kulmassa.

Yläsatamankatu. Virtamon talot, kauppaoppilaitos ja Joensuun kirjasto.

Torikatu Yläsatamakadulta torille päin.

Yläsatamakatu. Vasemmalla on Pohjois-Karjalan Kirjapaino Oy:n tonttia. .

Yläsatamakatu talvisessa asussa. Oikealla puolella on kauppaoppilaitos eli nykyinen konservatorio, sitten Virtamon talot ja Pohjois-Karjalan Kirjapaino Oy.

Pohjois-Karjalan kirjapaino Oy:n ensimmäinen painotalo oli kauppias Anselm Hämäläisellä ennen siirtymistään kirjapainon omistukseen 1899. Puinen osa on osaksi 1800 luvulta peräisin.

Kirjapaino laajeni vähitellen ja samalla rakennettiin lisää. Keskellä oleva kivinen osa rakennettiin 1927 ja oikealla oleva korkein osa 1954.

Talonmiehen asuinrakennus.

Joensuun työväentalo. Talo valmistui v. 1908. Puisessa työväentalossa oli suuri sali, joka oli juhlien, kokousten ja tanssien pitopaikka, Talossa käynnistyi Joensuun kaupungin teatterin edeltäjä Joensuun työväenteatteri.

62

Kauppa- ja Niskakadun kulma. Oikealla on Hallmanin liiketalo, keskellä olevaan taloon Magnus Vuokko perusti 1925 Joensuun II Apteekin - myöhemmin Uusi Apteekki.

Nyt paikalla on Centrum tavaratalo.

Niskakatu Rantakadulta länteen. Vasemmalla pieni kaupparakennus, sen takana H.S Pitkäsen liikerakennus.

Kauppa- ja Niskakadun kulmatalot. Vasemmalla Vihreä talo, keskellä Wahlgrenien talo. Myöhemmin talossa oli useita eri liikkkeitä. Oikealla olevassa talossa toimi mm. Uusi Apteekki.

Kauppakatu. Oikealla Vihreä talo, elokuvateatteri Tapio, Yrjö Wahlgrenin Yrjönhovi. Pielishovi, Pankkitalo.

Vihreä talo.

Niskakatu Kirkkokadulta joen suuntaan.

Niska- ja Kirkkokadun kulma. Talon ensimmäinen omistaja oli levyseppä Heikki Mononen 1898. Prokuristi Mikko Miettinen oli seuraava omistaja 1919.

Garoliona Porthan osti talon Miettiseltä 1923.

William Hassinen osti paikan 1940 ja autoilija Esa Hassinen peri talon isältään vuonna 1943. Talossa oli mm. liike Hassisen kone.

Talvinen Kalevankatu ja kansakoulurakennus.

Kadunvarren rakennuksia.

Torikatu 11. kauppias Sippo Huttusen liiketalo. Poika Eino J. Huttunen oli mm. autokauppias.

1940 liikemies Tauno Laakkonen osti tontin.

1960 avattiin pihaan Laakkosen autoliike. Siitä alkoi Autotalo Laakkosen automyynnin nousu.

Sarolan pyöräliike sekä H. Pellin tekstiililiike.

Siltakatu lännen suuntaan.

Siltakatu keskustan suuntaan.

Pirtti - amerikkalainen talo Siltakadulla. Pirtti on urakoitsija Karl Aksel Wahlströmin suunnittelema ja rakennusvuosi oli 1925. Pirtti on rakennettu amerikkalaisen mallin mukaan eli siitä nimitys amerikkalainen talo.

Siltakatu 30. Riku Käkelän talo.

Merimiehen katu Siltakadulta pohjoiseen.

Siltakatu 26.

Merimiehenkatu. Linja-autoilija Matti Ruponen osti tontin 1954 Siltakadun ja Niskakadun väliltä ja rakensi tontille linja-autovarikon ja Gulf huoltoaseman.

Koulu- ja Siltakadun kulma. Vuonna 1919 naiskotiteollisuuskoululle rakennettiin tilat Siltakatu 20:een. 1934 rakennettiin toinen kerros.

Nyt paikalla sijaitsee Metsätalo Oy.

Merimiehenkatu. Gulf ja kioski.

Talvinen Siltakatu muuttuu Pielisjoen yli meneväksi Kanava- Länsi- ja Itäsilloiksi.

Grilli - kahvila Siltavouti Siltakadulla PKO:n rakennuksessa.

Schluterin talo kanavan varrella.

Joensuun kanava. Nostosilta ja satamamestarin talo.

Joensuun kanavan suunnitteli insinöörikapteeni Bror Berndt Otto Höök. Höök nimitettiin 1871 Pielisjoen kanavien kanavapäälliköksi. Joensuun kanavan rakennustyöt aloitettiin elokuussa 1870. Kanava pysyi miltei sellaisenaan 1900-luvulle saakka, kunnes puusulku rakennettiin betonista 1918-1923.

Asemanseutu - Sirkkala

Maisema on muuttumassa asemalta sillalle päin katsottuna. Itäsillan alkupäässä olevaa taloa ja kioskia on alettu purkamaan.

Sirkkalan aluetta 1960-70-luvulla. Kivisen kerrostalon alueella on nyt Hoteli Kimmel ja tien seutuvilla on koulurakennus.

Pyörä- ja jalankulkutie Sirkalassa asemalta Kettuvaarantielle.

Schauman Oy vaneritehtaan savupiippu ja rautatieasema hallitsi Sirkkalan maisemakuvaa.

Silta aseman puron yli, josta tie jatkuu Karsikom suuntaan.

Aseman risteys.

Kettuvaaran tie kaupungin keskustan suuntaan. Edessä rautatieylikäytävä ja Schauman Oy vaneritehtaan konttorirakennus.

Vas. Schauman Oy vaneritehdas Pielisjoen suunnalta.
Oik. Joensuun Ympäristön Osuusmeijerin rakennuksia.

Höyryvetureita Joensuun asemalla 1960-luvulla.

Ratapiha- teollisuus- ja varastoaluetta Niinivaaralle menevältä rautatien ylikulkusillalta nähtynä.

SOK:n ja Oma-Avun varastorakennuksia.

Pielisjoki itärannan suunnasta ennen Suvantosillan rakentamista.

Vasemmalla sijaitsee arkkitehti Erkki Huttusen Suunnitelema SOK: konttori- ja varastorakennus, Rakennus valmistui v. 1937. Keskellä on Heimo Riihimäen suunnittelema Oman-Avun Keskusvarasto Se valmistui 1939. Oikealla on Lihakunnan teurastamorakennus.

Lihakunta. Taustalla mäen päällä on Keskussairaalan rakennuksia,

Keskon varastorakennus.

Penttilän saha.

Sahan perusti vuonna 1871 Gustaf Cederberg yhdessä Petter Parviaisen kanssa. Vuonna 1916 Cederbergit päättivät keskittää kaiken sahaustoiminnan uudistettavalle Penttilän sahalle. Uusi Penttilän saha otettiin käyttöön 1918, ja se oli valmistuessaan Pohjoismaiden suurin sahalaitos.

Johtaja Väinö Cederbergin kuoli 1917 ja vuonna 1920 Penttilän saha myytiin Kaukas Fabrikille. Saha siirtyi 1924 Repola Wood Ltd:lle ja sitä laajennettiin voimakkaasti 1920-luvulla.

Toisen maailmansodan jälkeen Penttilän sahan omistajaksi tuli Rauma-Repola Oy. Sahan toiminta jatkui vuoteen 1988 saakka. Tyhjillään olleet rakennukset paloivat 1996.

Kettuvaarantie - asusteliike - työväentalo - baari.
Kettuvaara on osa Karsikkoa. Kettuvaara nimi tulee pienestä vaarasta, jossa sijaitsi mm.
Pielisesuun seurakunnan pappila.

Sariolan katu

Vier. sivu. Talvinen Kettuvaara.

Kettuvaaran tie
Ilomantsin suuntaan 1960 luvulla.

Kettuvaaran uimaranta Pielisjoen rannalla,

Pielisjoki Utran kosken kohdalla. Taustalla Utran kirkko.

Maantie pohjoiseen Juukaan ja Nurmekseen Mutalan kohdalla 1960-70 luvun vaihteessa.

Enon kirkonkylän rakennuksia Pielisjoen varrella 1960-70-lukujen vaihteessa,

Eno liittyi Joensuuhun vuoden 2009 alussa.

Enon nimi tulee karjalan kielen sanasta eno, mikä tarkoittaa joen keskikohtaa missä on voimakkain virta.

Enon alueelta on löydetty esihistoriallisia ja kivikautisia asuinpaikkoja, mutta varhaisimmat muistiin merkityt tiedot asutuksesta ovat vuodelta 1500, Novgorodin vatjalaisen viidenneksen verokirjasta. Tuolloin asutusta oli mm. Nesterinsaaren eli nykyisen Enon kirkonkylän alueella.

Eno kuului vuoteen 1858 saakka laajaan Ilomantsin pitäjään ja Enonkylä oli sen pohjoisosien keskus. Vuonna 1856 Eno erotettiin keisarin päätöksellä Ilomantsin käräjäkunnasta ja muodostettiin uusi Enon käräjäkunta. Seurakunnallinen ero Ilomantsista toteutui vuonna 1857, jolloin Enon kappelista muodostettiin itsenäinen kirkkoherrakunta senaatin päätöksellä. Kuntahallinnon perustaminen oli hidasta, mutta viimein vuonna 1871 perustettiin

"kuntahallitus" kuvernöörin päätöksellä. Kunnanvaltuuston perustamistakin yritettiin vuosina 1909–1913, mutta yritykset kaatuivat äänestyksissä.
Lopultakin Enon ensimmäiset kunnallisvaalit pidettiin 15.–16. heinäkuuta 1918 ja kunnanvaltuusto kokoontui ensimmäisen kerran 24. elokuuta samana vuonna.
  1800-luvulla toimeentulo saatiin useimmin kaskiviljelystä. 1800-luvun loppupuolella kaskenpolttoa pyrittiin rajoittamaan ja vähitellen siirryttiin rehunviljelyyn ja myös karjanhoitoon. Kalastus on Enossa ollut merkittävämpi toimeentulonlähde kuin metsästys.
Teollisuudentulo Enoon perustui Pielisjoen koskiin ja hyviin uittoreitteihin.
  Vuonna 1968 Enossa oli 10868 asukasta. Enon yhdistyessä Joensuuhun 2009 sen väkiluku oli 6 508.

Enon keskusta aluetta 1960-70-luvulla vaihteessa,

Etualalla pieniä ulkorakennuksia, taustalla Enon sairaalarakennus.

Mökkejä joen rannalla.

Enon kirkonkylän kansakoulu.

Eno - Niskankylä.

Punaista taloa kutsuttiin Leipurien taloksi. Talo palveli 80 vuoden ajan neljää leipuria vuodesta 1880 lähtien.

Vanha pirtti Mustallavaaralla. Rakennus on myöhemmin siirretty Enon kirkonkylän kotiseutumuseon alueelle.

 Kiihtelysvaara liitettiin Joensuun kaupunkiin 1. tammikuuta 2005. Vuonna 2004 kunnan väkiluku oli 2 635.
Paikkakunnan nimessä esiintyvä "kiihtelys" tarkoittaa 40 oravannahkaa, mikä oli vanhan eräkulttuurin aikaan kaupankäynnin väline.
 Kiihtelysvaaran alueelta on tehty muutamia esihistoriallisia löytöjä ja vanhasta asutuksesta kertovat tervahautojen ja raudantekopaikkojen rauniot. Seutu kuului 1500-luvulla venäläisten veronkantoalueisiin.
Kiihtelysvaara muodostettiin Tohmajärven kappeliseurakunnaksi ennen vuotta 1693 ja itsenäinen seurakunta siitä tuli vuonna 1857.

Kiihtelysvaaran kirkko on toiseksi vanhin Pohjois-Karjalassa säilynyt puukirkko. Kirkko valmistui v.1770 ja sen suunnitteli Heikki Häger. Kirkon kellotapuli paloi salaman sytyttämänä 1813, nykyinen tapuli rakennettiin 1856 ja uusittiin yläosastaan 1931.

Talvinen Kiihtelysvaaran kirkonkylän keskusta 1980-luvulla.

Vappu Joensuun torilla
1960-70 lukujen vaihteessa.

KalleCat

Valokuvaus

Hemmo Vattulainen
kallecat@outlook.com

www.ingramcontent.com/pod-product-compliance
Lightning Source LLC
Chambersburg PA
CBRC091206010526
44107CB00021B/1257